Vertrauen, Innigkeit, Nähe – Mütter und Töchter gehen miteinander durch Höhen und Tiefen, meistern gemeinsam Herausforderungen, fordern sich gegenseitig heraus ... Diese zärtliche und kluge kleine Zitatsammlung über die einzigartige Beziehung zwischen Müttern und ihren Töchtern vereint über 40 zeitlos-fröhliche Fotografien mit originellen und humorvollen Betrachtungen bekannter wie unbekannter Denkerinnen und Denker, Literatinnen und Literaten.

Die Beziehung zwischen Müttern und Töchtern: leichtfüßig, unbeschwert, fröhlich, innig und zärtlich – genau wie dieses Buch.

Antje Southern, geboren 1964 in Frankfurt am Main, arbeitet als freie Autorin in London. Sie ist verheiratet und hat zwei Töchter.

insel taschenbuch 4785
Antje Southern (Hg.)
Mütter & Töchter

Erste Auflage 2020
insel taschenbuch 4785
Insel Verlag Berlin 2020

Vertrieb durch den Suhrkamp Taschenbuch Verlag

Umschlaggestaltung: *Pauline Schimmelpenninck Büro für Gestaltung, Berlin*
Umschlagfoto: Emma Kim/Getty Images, München
Buchgestaltung: Teresa Lehmann
Druck: *Pustet, Regensburg*
Printed in Germany
ISBN 978-3-458-36485-6

Mütter & Töchter

Eine Liebe fürs Leben

Insel Verlag

ANTJE SOUTHERN

—

EINE LIEBE FÜRS LEBEN

»Man hat keine wichtigere Verbündete auf dieser Welt als seine Mutter«, heißt es in einem überlieferten Satz aus unbekannter Quelle. Und tatsächlich: Um die Stürme des Lebens zu bestehen, sind Geborgenheit und bedingungslose Liebe, in die wir idealerweise hineingeboren werden, das beste Fundament und der wirksamste Schutz. Eine Mutter, die stark, selbstbewusst und unabhängig das Leben in all seinen Facetten zu meistern versteht und die sich als Frau rundum wohlfühlt, ist – gerade für eine Tochter – das beste Vorbild und ein lebenslanges Geschenk.

Die Töchter, denen wir in diesem Buch in kürzeren und längeren Zitaten oder Auszügen aus Briefen begegnen, haben alle eine enge Bindung zu ihren Müttern, wobei eng keineswegs immer problemlos bedeutet. Marlene Dietrich bewunderte ihre Mutter, ihre Haltung und preußische Strenge, ihre Schönheit und Bildung. Aber aus jeder Zeile, auch aus den nicht geschriebenen, spricht zugleich die Sehnsucht, von der Mutter gesehen zu werden. Und ihrer eigenen Tochter, Maria Riva, wird es nicht anders ergangen sein mit der unerreichbaren und so berühmten Mutter.

Geliebt und anerkannt zu werden, ist die Sehnsucht aller Kinder, auch wenn sie längst keine Kinder mehr sind. Paula Modersohn-Becker, die Malerin aus Worpswede, die so ganz und gar eigene künstlerische Wege gehen wollte und ihre Zeitgenossen mit ihren expressiven Bildern irritierte, fand in ihrer Mutter Rückhalt und Liebe: »Wenn meine Gedanken bei Dir sind, dann ist es, als ob mein kleiner, unruhiger Mensch sich an etwas Festem, Unerschütterlichem festhält. Das Schönste aber ist es, dass dieses Feste, Unerschütterliche so ein großes Herz hat.«

Fremd hingegen blieb den begabten Mädchen Simone und Hélène de Beauvoir die Mutter, die aus Sorge, ihre Töchter könnten gegen Konventionen verstoßen und unanständig denken oder gar handeln, diese unablässig kontrollierte. Wie wir wissen, hielt das die Mädchen nicht ab, ihren eigenen, recht unkonventionellen Weg zu gehen. Die eine wurde weltberühmt als Schriftstellerin und Frauenrechtlerin, die andere erfuhr Erfüllung und Anerkennung als Malerin. Die Mutter hat sie auf diesem Weg vermutlich sogar bestärkt, denn keine der Schwestern wollte so eingeengt leben wie sie.

Doch bei all der Vielschichtigkeit der Beziehung zwischen Müttern und Töchtern, der Fehlbarkeit beider Seiten und der Emotionalität, die immer bestehen bleibt und die über die Jahre ihr Gesicht verändern kann, ist sie da: die grenzenlose Liebe füreinander. Im Idealfall ist diese lebenslange Bindung eine Wunderquelle, aus der sich Vertrauen, Glück und Lebensfreude schöpfen lassen.

Eine Mutter wäre fähig,
das Glück zu erfinden,
um es
ihren Kindern zu geben.

–

MADELEINE DELBRÊL

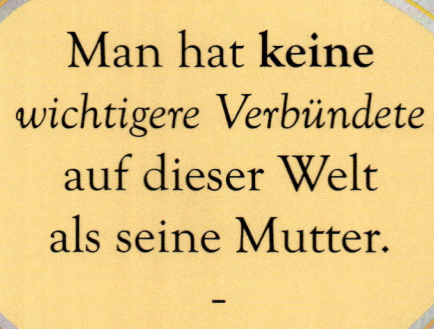

Man hat **keine** *wichtigere Verbündete* auf dieser Welt als seine Mutter.

–

UNBEKANNT

Mama sagt, wenn
man kuschelt, **repariert**
man sich *gegenseitig.*

-

KINDERWEISHEIT

Aus einem *unbekannten*
Grund beschloss **meine Mutter**,
dass ich eine *akzeptablere Person*
werden würde, wenn ich
tanzen lernte.

–

JENNIFER JOHNSTON

Meine Mutter **überwachte**
unser Leben *bis ins kleinste*
Detail, sie schrieb uns auch unsere
Freunde vor. Ob im Jardin du
Luxembourg oder sonst, wir durften
nicht mit den Mädchen spielen,
die uns gefielen.

–

HÉLÈNE DE BEAUVOIR
ÜBER IHRE MUTTER

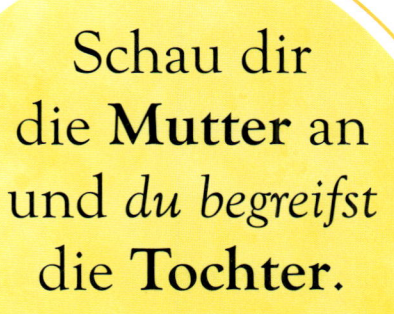

Schau dir
die **Mutter** an
und *du begreifst*
die **Tochter**.

–

AUS JAPAN

Die liebende Mutter bringt ihrem Kind das **Laufen** bei. Sie ist gerade so weit von ihm entfernt, dass sie es nicht mehr halten kann. Sie streckt ihre Arme aus; ihr Gesicht **wirkt ermutigend**.

Das Kind strebt **ständig** nach einer *Zuflucht in Mamas Armen*, ohne auch nur zu ahnen, dass es im gleichen Augenblick den Beweis erbringt, dass es auch *ohne sie auskommt*.

–

SØREN KIERKEGAARD

Wenn mir Freunde sagen:
»Du liebst deine Tochter so
übermäßig, dass du ihr hörig bist«,
dann entgegne ich stets:
»Seht ihr nicht, dass sie *von allen*
geliebt wird?«

–

ÉLISABETH VIGÉE-LEBRUN
ÜBER IHRE TOCHTER JULIE

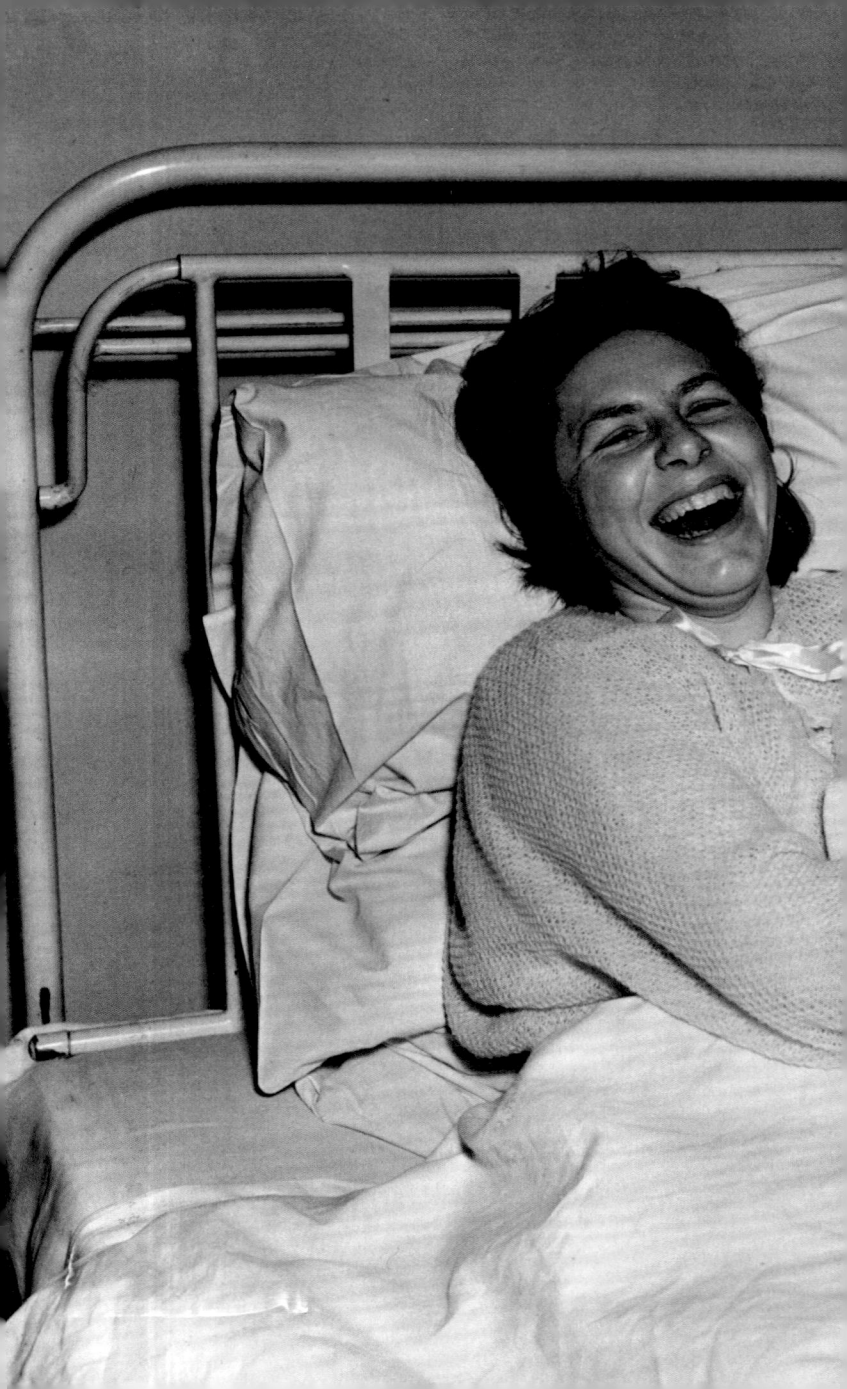

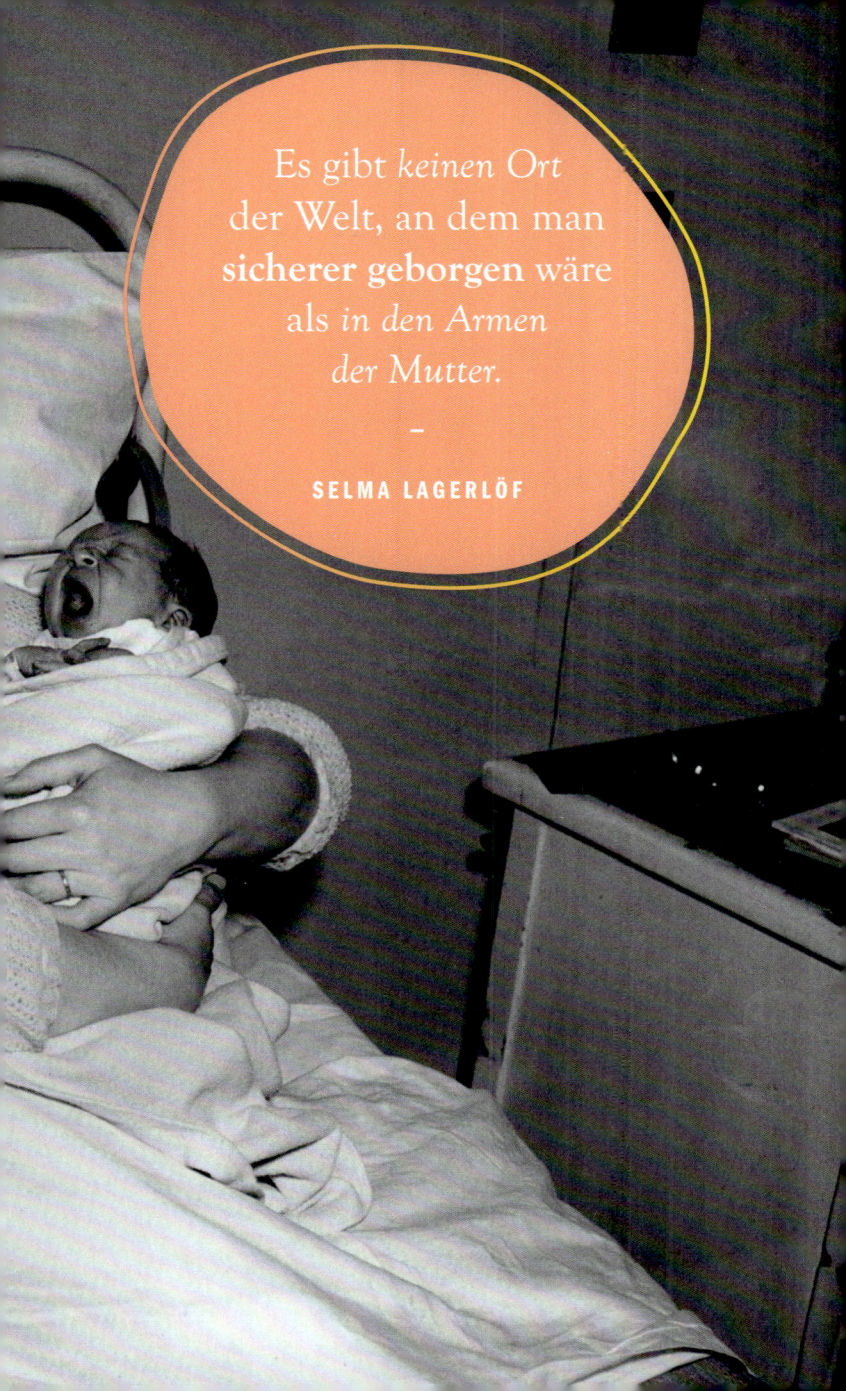

Es gibt *keinen Ort*
der Welt, an dem man
sicherer geborgen wäre
als *in den Armen*
der Mutter.

–

SELMA LAGERLÖF

Es ist ein sehr *interessantes Leben*, die Tochter von Dietrich zu sein – wenn man **es überlebt.**

–

MARIA RIVA
ÜBER IHRE MUTTER MARLENE

Es gibt kein *Recht der Frau*
auf ein Kind, sondern es
gibt nur das *Recht des Kindes*
auf eine Mutter.

–

GERTRUD VON LE FORT

Meine Mutter ist eine hübsche Dame. **Ich wünschte** *sie den ganzen Tag zu küssen,* aber ich muss zur Schule gehen.

–

TANIA PRICE

Was die Mutter spinnt,
das webt die **Tochter**.

–

VOLKSWEISHEIT

Meine geliebte Tochter,
Du bist die **Antwort** auf
all die Male, die ich in den
Himmel schaute und
um ein **Wunder** bat.

–

MARIE LANG

Mütter halten
ihrer **Kinder Hände**
für eine Weile
und **ihre Herzen**
für immer.

−

UNBEKANNT

Wenn du eine Mutter bist,
bist du nie wirklich *allein mit deinen
Gedanken.* Eine Mutter muss
immer **zweimal denken**, einmal
für sich selbst und einmal
für ihr Kind.

–

SOPHIA LOREN

GELIEBTE MUTTER

Ich weiß nicht, wo letztlich **die Quelle**
Deiner Kraft ist, und ich habe das
Gefühl, dass ich immer und immer nur
genommen und nie gegeben habe.
Wahrscheinlich kann ich jetzt auch nichts
geben. Es ist so, als ob wir alle, die dies
miterlebt haben, *unser Vertrauen verloren haben,*
und nachdem es nun einmal zerstört war,
verwundbar geworden waren – gegen nichts gefeit.

Als habe **das Vertrauen** einen wie eine
wunderbare, schimmernde, **gläserne Rüstung**
unfehlbar geschützt, solange es unbeschädigt war.
Aber *es ist so zerbrechlich* – ist es einmal in
Stücke zerbrochen, hat man **nichts** mehr.

–

**ANNE MORROW LINDBERGH AN IHRE MUTTER
ENGLEWOOD, 15. JUNI 1932**

Wer die Tochter
haben will, halte es mit
der **Mutter**!

–

SPRICHWORT

Mutter, die: Substantiv, feminin.
[Mut-ter] Beispiel: Mutter Erde, Mutter Natur.
Eine Person, die die Arbeit von 20 erledigt.
Umsonst.

(Siehe auch: ›*Kraft*‹,
›*Masochismus*‹, ›*Omnipräsenz*‹)

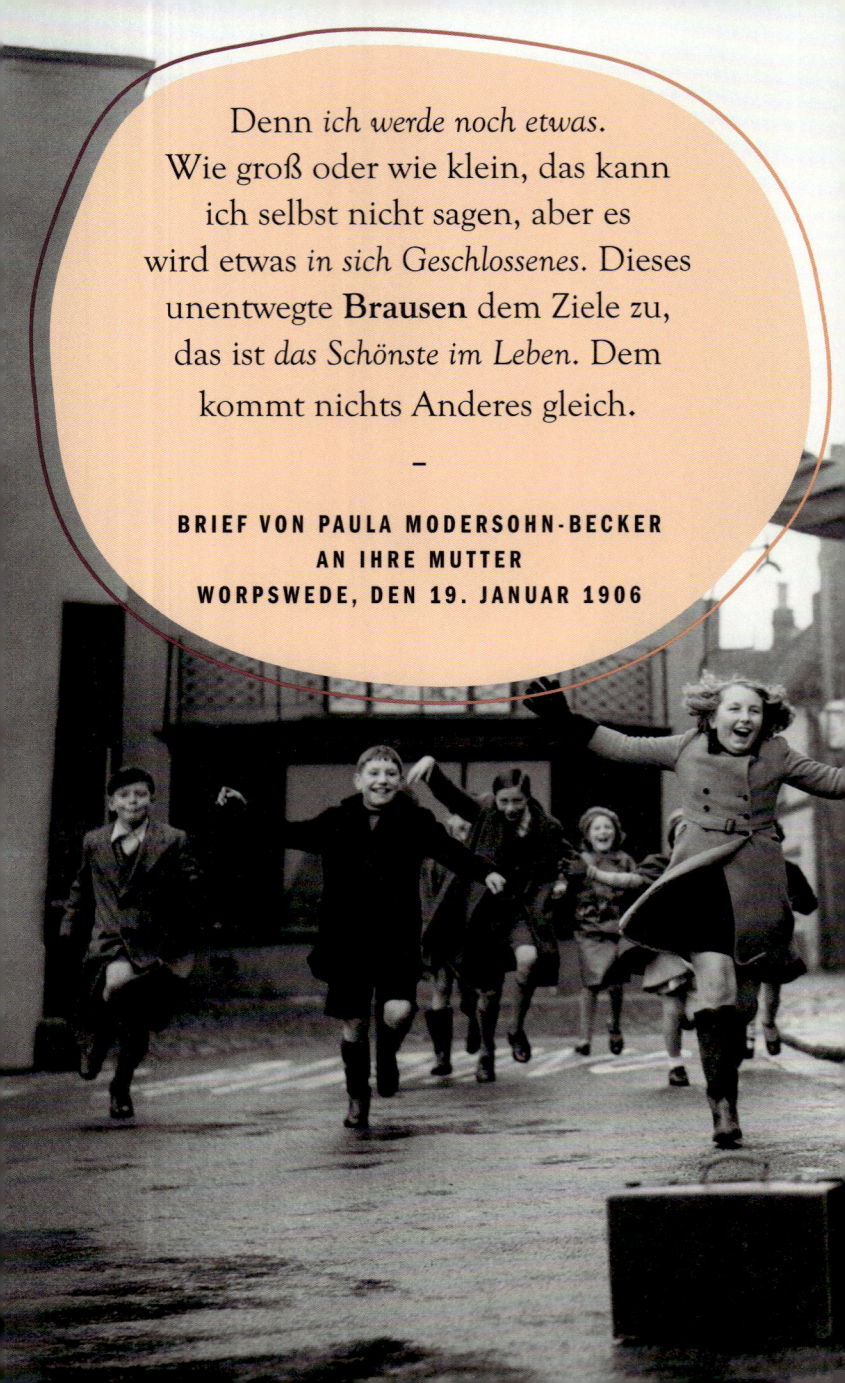

Denn *ich werde noch etwas.*
Wie groß oder wie klein, das kann
ich selbst nicht sagen, aber es
wird etwas *in sich Geschlossenes.* Dieses
unentwegte **Brausen** dem Ziele zu,
das ist *das Schönste im Leben.* Dem
kommt nichts Anderes gleich.

–

**BRIEF VON PAULA MODERSOHN-BECKER
AN IHRE MUTTER
WORPSWEDE, DEN 19. JANUAR 1906**

Die Liebe einer Mutter teilt
sich nicht *zwischen den Kindern,*
sie **vervielfältigt sich.**

–

MARIA THERESIA

Weil Gott *nicht*
überall sein konnte, schuf er
die Mutter.

–

ARABISCHES SPRICHWORT

Sie hat Tennis gespielt, *weil das hübsch aussah*. Sie trug ganz kleine Shorts dabei. Alle haben damals Tennis gespielt – sie haben nicht wirklich gespielt, sie sahen nur sehr gut aus. Damals war sie gerade mit Fred Perry zusammen, *dem großen Tennisspieler*. **Auf einmal** hatten wir Schläger, weiße Kleider, ich musste einen Tennislehrer haben. **Alles war Tennis**!

Und dann kam der Pianist José Iturbi, *und alles war Klavier!*

–

MARIA RIVA
ÜBER IHRE MUTTER MARLENE

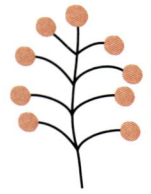

Es gibt wirklich *nichts Schöneres* auf der Welt, als der Glaube eines Kindes, wenn es jemanden **liebt**.

—

BRIEF VON CALAMITY JANE AN IHRE TOCHTER JANEY
BILLINGS, DEN 30. MAI [1882?]

MEIN GELIEBTES KIND!

Habe ichs recht entziffert auf Deinem Siegel: Eile Dich, dass du hingelangst? Das rufe ich meiner Brieftaube heute auch zu, denn ich muss rechtzeitig bei Dir sein an Deinem Geburtstag, um Dich in liebevolle Mutterarme zu nehmen und Dir und Deinem Hause das Schönste für das neue Jahr zu wünschen.

Dreißig Jahre sind es heute, dass Du das Licht der Welt erblicktest in unserer kleinen Wohnung in der Schäferstraße zu Dresden-Friedrichstadt. Draußen war ein Unwetter, die Elbe ging mit Eis und brachte Hochwasser vom Gebirge herunter, Regenstürze wechselten mit Schneestürmen und Vater, der immer fürsorgliche, konnte sich um Dich und mich nicht kümmern, sondern musste die Tage und Nächte draußen in angestrengter Arbeit verbringen, denn die neu erbauten Dämme seiner Bahn begannen an der Elbe zu rutschen und Millionen standen auf dem Spiel außer seiner Ehre als Ingenieur.

Wir beiden jungen Mädchen (ich war auch erst dreiundzwanzig als ich mein drittes

Kind bekam) blieben allein mit einer blödsinnig
unpraktischen Wartefrau. Ich sehe das dicke
Geschöpf noch wie heute. Ich hatte Dich an der
Brust. Das Öllichtchen brannte fladdrig
im Wasserglase.

Die Altsche wollte sich Kaffee wärmen
und hatte ihre Spritlampe überfüllt, die mächtig
aufloderte. Immer pustend und dazwischen
kläglich »O Jemersch« kreischend bringt sie mir
das lodernde Theebrett aufs Bett und ich
musste es löschen. Von all der Verrücktheit, dem
Sturmgebraus und Woldis verängstigten Augen
aufgeregt, bekam ich Fieber und eine schlimme
Brust, musste geschnitten werden – kurz, es
war das einzige Wochenbett, von dem ich mich
erst nach einem halben Jahr erholte.

Aber mein Kolibri gedieh rund und reizend
trotz Sturm und Spiritus und stürzenden Dämmen
und feiert heute seinen dreißigsten Geburtstag.

–

**MATHILDE BECKER AN IHRE TOCHTER
PAULA MODERSOHN-BECKER
PILLNITZ, DEN 5. FEBRUAR 1906**

Meine Mutter war
ein für die Sache der Treue
zu Feld ziehender, fackeltragender
Übermensch.

–

MARLENE DIETRICH ÜBER IHRE MUTTER

MUTTERNS HÄNDE

Hast uns Stulln jeschnitten
un Kaffe jekocht
un de Töppe rübajeschohm –
un jewischt un jenäht
un jemacht un jedreht ...
alles mit deine Hände.

Hast de Milch zujedeckt,
uns bobongs zujesteckt
un Zeitungen ausjetragen –
hast die Hemden jezählt
und Kartoffeln jeschält ...
alles mit deine Hände.

Hast uns manches Mal
bei jroßem Schkandal
auch'n Katzenkopp jejeben.
Hast uns hochjebracht.
Wir wahn Sticker acht,
sechse sind noch am Leben …
Alles mit deine Hände.

Heiß warn se un kalt.
Nu sind se alt.
Nu bist du bald am Ende.
Da stehn wir nu hier,
und denn komm wir bei dir
und streicheln deine Hände.

–

KURT TUCHOLSKY

Bevor ich Dich empfing,
ersehnte ich Dich,
bevor du geboren wurdest,
liebte ich Dich,
Du warst noch keine Stunde alt,
da wäre ich schon
für Dich gestorben.
Das ist das **Geheimnis des Lebens**.

–

MAUREEN HAWKINS

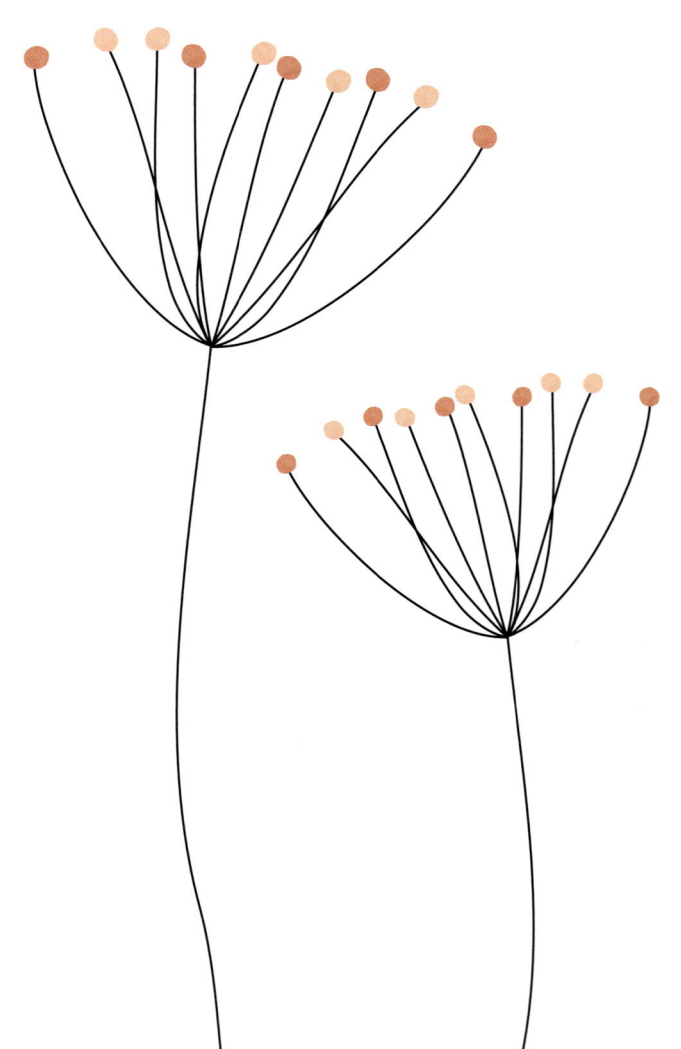

Ich möchte nicht, dass der Eindruck entsteht, Mama wäre für uns *keine gute Mutter gewesen*. Auf ihre Weise war sie es. Sie war eine gütige Frau und **sie liebte uns**. Dass sie so *tyrannisch und dominant* war, lag vor allem an der **absurden**, *einengenden Erziehung*, die sie selbst erhalten hatte.

–

**HÉLÈNE DE BEAUVOIR
ÜBER IHRE MUTTER**

In dem **Moment**, in dem
ein Kind geboren wird, *wird auch
die Mutter geboren*. Davor hat
sie nicht existiert. Die Frau existierte,
niemals zuvor aber die Mutter. Eine
Mutter ist etwas **absolut Neues**.

–

RAJNEESH

Madame, meine teure Tochter!
Endlich ist gestern um neun Uhr abends
dieser *ewige Kurier* angekommen und
hat mir Ihre teuren Nachrichten gebracht.
Gott sei Dank, dass Ihre Gesundheit
gemäß dem Bericht des Kuriers, der in Ihrem
Gefolge war, gut ist! Er findet, dass Sie
gewachsen sind und zugenommen haben.
Wenn Sie mich nicht durch das
Fischbeinkorsett, das Sie tragen, beruhigten,
hätte mir dieser Umstand *Sorge gemacht*,
weil ich fürchte, dass Sie, wie man im
Deutschen sagt, **auseinandergehen** und schon
die Taille wie eine Frau haben,
ohne es zu sein.

–

KAISERIN MARIA THERESIA
AN IHRE TOCHTER MARIE ANTOINETTE
SCHÖNBRUNN, 1. NOVEMBER 1770,

Im Bild zu sehen: Queen Victoria beim Feinschliff

Mrs Morland war eine
sehr gute Frau und wünschte,
ihre Kinder möchten sich in
der *üblichen Weise* entwickeln.

–

JANE AUSTEN

Durch dieses Fenster
hineinschauen, wo **mein Kind**
im Bett liegt und auf mich wartet –
da liegt **mein Kaiserreich**!

–

FRANZISKA GRÄFIN ZU REVENTLOW

Ja, Mama, lebte ich tausend Jahre, um
Sie zu betrachten, wenn Sie einen
Augenblick den Kopf wenden würden,
ich glaube, ich wäre darauf immer
noch **eifersüchtig**.

Adieu, *meine zärtliche Mama*.
Haben Sie die Güte, trotz all meiner
Torheiten zu sehen, dass Sie geliebt
werden wie ... könnte ich etwas Stärkeres
sagen als: *wie Sie es verdienen*.

–

MADAME DE STAËL AN IHRE TOCHTER
SAINT-QUEN, MITTE MAI 1778 ODER 1779

Mutterliebe ist **warm**,
– *auch der eisigste Schnee*
tut ihr nichts.

–

FELICITAS ROSE

Mutter ist jemand, zu
dem du rennen kannst, wenn
du in *Schwierigkeiten steckst.*

–

EMILY DICKINSON

Richtlinien für die *Unterweisung* einer Tochter.

-

ELIZABETH GASKELL

Man muss Dich wirklich **bewundern**, mein Kind, nicht aber mich. Ich bin allein wie ein **Veilchen**, das leicht zu verbergen ist; ich nehme auf Erden keinen Platz und keinen Rang ein, als *nur in Deinem Herzen*, das ich mehr als alles andere schätze, und *im Herzen meiner Freunde*.

–

MADAME DE SÉVIGNÉ AN IHRE TOCHTER
LES ROCHERS, 14. DEZEMBER 1689

Mutterliebe ist eine **Leidenschaft**, die ihre *eigene Gewalt und Größe* hat, ihre Übertreibungen und sogar ihre **Sinnlichkeit**.

–

CARMEN SYLVA

Nein, beste Mutter, gönne mir
das Glück, zu denken, dass Du mit Frieden
auf mich blickst, und dass Dein Segen
mir den Weg, *auf dem ich meinen Frieden
finde*, doppelt lieb macht. So lass es sein,
Du nimmst damit eine Qual aus meinem Leben
und aus Deinem auch, und wahrlich, *es
bedarf nur des Entschlusses*, denn ich weiß es,
ich verdiene **Vertrauen**.

–

**MALWIDA VON MEYSENBUG
AN IHRE MUTTER, 1852**

Für eine Mutter oder
Schwiegermutter ist man
nicht verantwortlich.
Die muss man **hinnehmen**,
wie **Gott** sie gibt.

–

HEDWIG DOHM

Königliche Hoheiten in trauter Runde

AN MEINE MUTTER

So gern hätt' ich ein schönes Lied gemacht
von Deiner Liebe, Deiner treuen Weise;
die Gabe, die für andre immer wacht,
hätt' ich so gern geweckt zu Deinem Preise.

Doch wie ich auch gesonnen mehr und mehr,
und wie ich auch die Reime mochte stellen,
des Herzens Fluten wallten darüber her,
zerstörten mir des Liedes zarte Wellen.

So nimm die einfach schlichte Gabe hin,
von einfach ungeschmücktem Wort getragen,
und meine ganze Seele nimm darin:
Wo man am meisten fühlt,
weiß man nicht viel zu sagen.

Nun ist der liebe Mai im Land,
mit Blumen zog er ein,
und diese Blumen, die ich fand,
bring' ich Dir, Mütterlein!

Das Blümchen braucht den Sonnenschein,
sonst geht es bald zugrund',
und ich, ich brauch' mein Mütterlein:
Gott halte Dich gesund!

So wie das Blümlein dankbar ist
für jeden Sonnenstrahl,
so dankt Dir für die Lieb' Dein Kind:
Gott lohn' Dir's tausendmal!

–

ANNETTE VON DROSTE-HÜLSHOFF

Ich glaube, dass die Mütter immer,
oder fast immer, **das Verrückte** in all den
Kindheiten und in all den Leben, die
ihnen folgen, repräsentieren. Unsere Mütter
bleiben immer die *außergewöhnlichsten,*
verrücktesten Menschen, die wir je
getroffen haben.

–

MARGUERITE DURAS

Liebste Mutter, ich habe hier
gesessen und nachgedacht und über Dich
nachgedacht. Und ich finde nicht die
richtigen Worte. Ich möchte Dir gern sagen,
dass Du **großartig** bist. Ich sitze die meiste
Zeit apathisch, egoistisch und teilnahmslos am
Rande Deines ausgefüllten, wunderbaren
Lebens und scheine Dich als selbstverständlich
hinzunehmen. Aber man ist eher überwältigt
und geneigt, es zu vergessen oder es nicht
zu erfassen, denn Du selber scheinst nie zu
glauben, dass Du **wunderbar** bist! Und so dachte
ich mir, ich wollte Dir einmal sagen, was
jeder Dir immer zu sagen sollte – was jeder
von Dir sagt, was Du aber nie hörst: dass Du
einfach *eine wunderbare Person* bist;
eine seltene, schöne, erstaunlich lebensoffene
Person, so rund um für alles empfänglich,
für alles aufgeschlossen.

–

ANNE MORROW LINDBERGH AN IHRE MUTTER
NEW YORK CITY, ANFANG MAI 1929

SICHTWEISE

Als die Schönheit wurd' verteilt,
da war sie wohl nicht da.
Denn als die Tanten sie erblickt,
da sagten sie: »Na ja!«

Auch die Oma war schockiert
und eines war gleich klar:
Aus diesem Kinde wird bestimmt
niemals ein Superstar!

Das Haar zu dünn, zu kurz die Beine,
die Haut mit großen Poren.
Doch die Mutter sagte leis:
»Sie hat so schöne Ohren!«

Was die all denken ist ihr gleich,
sie nimmt es nicht so schwer.
Denn für alles Geld der Welt
gäb' sie ihr Kind nicht her.

–

REGINA HESSE

Eine **Vollzeit-Mutter** zu sein,
ist einer der *am höchsten bezahlten
Jobs* in meinem Feld, da die
Bezahlung **pure Liebe** ist.

–

MILDRED B. VERMONT

Sie war nicht nur die **schönste**
aller Frauen, sie war auch die eleganteste,
charmanteste, war als die *vollkommenste*
Dame allgemein anerkannt. Sie hatte dunkel-
rotes Haar und samtweiche Augen wechselnder
Farbe. Sie war groß und schlank, geistreich
und heiter. Sie hatte geheiratet, als sie siebzehn
Jahre alt war, und sah keinen Tag älter aus, als
sie sein wollte. Sie trug kostbare Kleider und
selbst ihre Handschuhe waren nach Maß gefertigt.
Sie liebte Pferde und ritt jeden Morgen.
Manchmal kam sie auch an unserem Haus
vorbei, bevor ich zur Schule ging, gab mir
einen **flüchtigen Kuß** durch ihren Schleier, der
nach Morgenduft und Parfüm roch.

—

MARLENE DIETRICH ÜBER IHRE MUTTER

Man kommt nie darüber hinaus, ein **Kind** zu sein, solange man eine Mutter hat, *die man besuchen kann.*

–

SARAH ORNE JEWETT

Sie meinte, als Mutter *perfekt sein zu müssen*, und so besuchte sie unsere Lehrerinnen, saß im Unterricht dabei und hörte alle Vorträge für Eltern. Zu Hause ließ sie uns keine Minute allein, und in der Meinung, sie könnte uns so näherkommen, verlangte sie, dass wir ihr alles sagten. (...) Und dabei merkt sie nicht, dass wir **Freiheit** brauchten, und genau das konnte sie uns als einziges nicht zugestehen.

–

**HÉLÈNE DE BEAUVOIR
ÜBER IHRE MUTTER**

Meine Mutter ist ein Pinguin,
weil sie knuddelig ist.

Meine Mutter ist Türkis,
weil sie wie das Meer ist.

Meine Mutter ist sonnig,
weil sie strahlt.

Meine Mutter ist eine Avocado,
weil sie weich ist.

Meine Mutter ist ein Paar Stiefel,
weil sie gemütlich ist.

Meine Mutter ist die wichtigste Person,
weil sie mich zum Lachen bringt.

–

MOLLY LINE

Alle Frauen werden
wie ihre Mütter.
Das ist ihre **Tragödie**.
Kein Mann wird so.
Das ist seine.

–

OSCAR WILDE

Liebe Tochter, wenn ich Dir eine *Fähigkeit* geben könnte, dann wünschte ich, Du könntest Dich *von Zeit zu Zeit* mit **meinen Augen** sehen.

–

ELFRIEDE FISCHER

Queen Mum mit ihren Töchtern, den Prinzessinnen Elizabeth und Margaret

Ich habe gestern Morgen
einen oberen Vorderzahn verloren.
Margaret und ich waren bei
Lady Astais auf einem Kostümfest.
Es war **einfach herrlich**.

–

PRINZESSIN ELIZABETH (LILIBET)
AN IHRE GROSSMUTTER QUEEN MARY, 16. FEBRUAR 1934

Claudia ... erinnerte sich daran,
als sie ihr erstes Kind bekommen hatte, mit
Erstaunen erkannt zu haben, dass die
perfekte Beziehung zwischen einer **Mutter**
und ihrem **Kind** besteht und nicht
– wie sie immer dachte – zwischen
Mann und Frau.

–

ALICE THOMAS ELLIS

Trau dich!
Du kannst nicht
tiefer fallen
als *in meine Arme.*

–

ELFRIEDE FISCHER

Doch nun zu Dir, **einzige Mutter**.
Ich bin mit meinen Gedanken so oft bei Dir.
Ich lerne Dich mehr und mehr verstehen.
Ich ahne Dich. Wenn meine Gedanken
bei Dir sind, dann ist es, als ob mein kleiner,
unruhiger Mensch sich an etwas Festem,
Unerschütterlichem festhält.

Das Schönste aber ist, dass dieses Feste,
Unerschütterliche so ein großes Herz hat.
Lass Dir **danken**, liebe Mutter, dass Du Dich
so uns erhalten hast. Lass Dich *ganz ruhig
und lange* **umarmen**.

–

PAULA MODERSOHN-BECKER

Zwei Dinge sollen Kinder
von ihren Eltern bekommen:
Wurzeln und Flügel.

–

JOHANN WOLFGANG VON GOETHE

Eine Mutter ist eine Person, die, wenn es nur vier Stücke Kuchen für fünf Personen gibt, **sofort** behauptet, Kuchen noch *nie gemocht zu haben.*

–

TENNEVA JORDAN

Mutter & Tochter –
eine **Liebe** *fürs Leben*

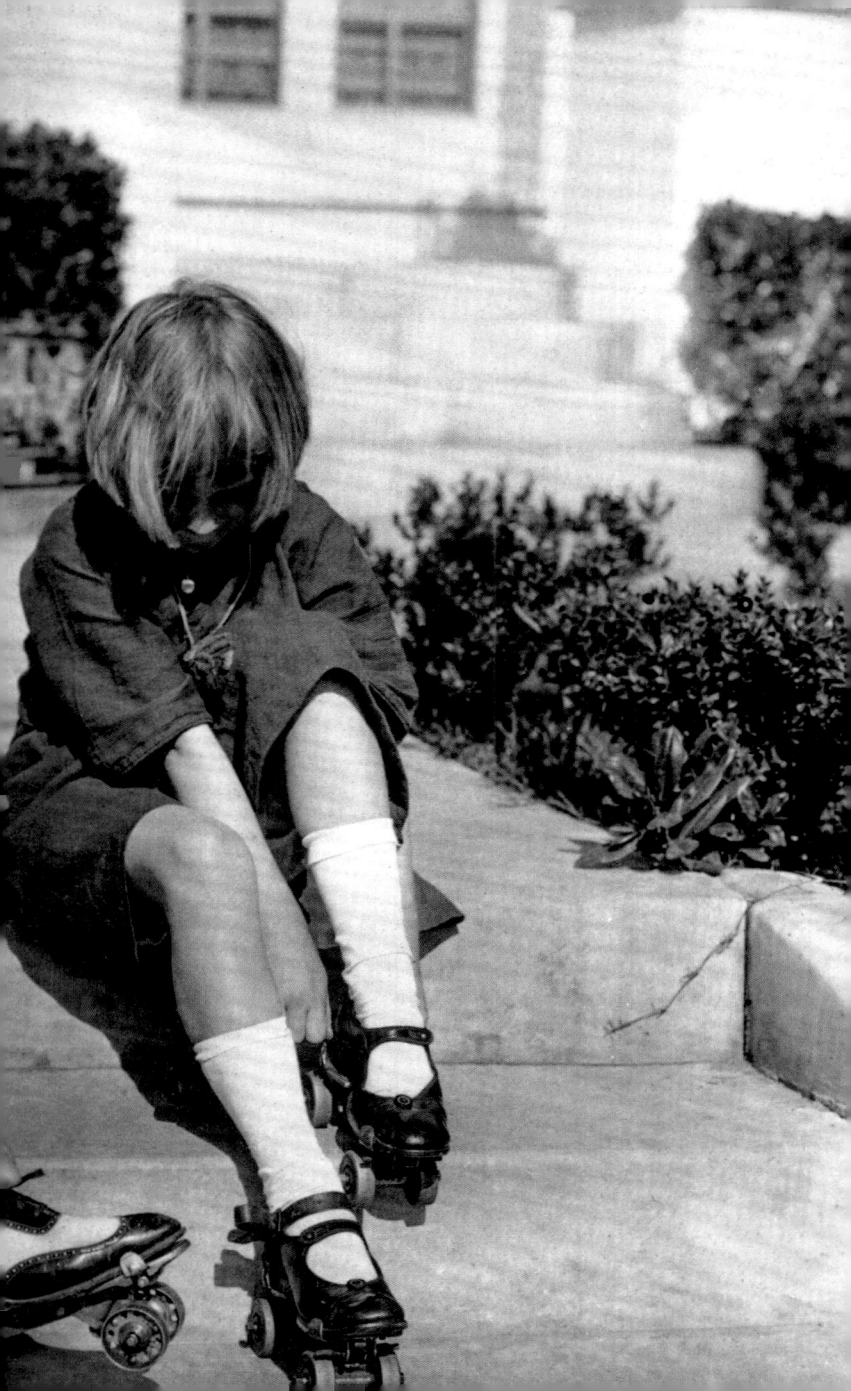

PERSONENREGISTER

A

Austen, Jane: 1775–1817. Britische Schriftstellerin

B

Beauvoir, Hélène de: 1910–2001. Französische Malerin

C

Calamity Jane (eigentlich Martha Jane Cannary): 1852–1903. US-amerikanische Wild-West-Heldin

D

Delbrêl, Madeleine: 1904–1964. Französische Schriftstellerin und katholische Mystikerin

Dickinson, Emily: 1830–1886. Amerikanische Dichterin

Dietrich, Marlene: 1901–1992. Deutsche Schauspielerin und Sängerin

Dohm, Hedwig: 1831–1919. Deutsche Schriftstellerin und Frauenrechtlerin

Droste-Hülshoff, Annette von: 1797–1848. Deutsche Schriftstellerin und Komponistin

Duras, Marguerite: 1914–1996. Französische Schriftstellerin, Drehbuchautorin und Filmregisseurin

E

Ellis, Alice Thomas: 1932–2005. Britische Schriftstellerin und Essayistin

F

Fischer, Elfriede: 1958. Deutsche Lebensphilosophin und Aphoristikerin

G

Gaskell, Elizabeth: 1810–1865. Britische Schriftstellerin

Goethe, Johann Wolfgang von: 1749–1832. Einer der bedeutendsten deutschen Dichter

H

Hawkins, Maureen: unbekannt

Hesse, Regina: 1933. Deutsche Dichterin und Aphoristikerin

J

Jewett, Sarah Orne: 1849–1909. US-amerikanische Schriftstellerin

Johnston, Jennifer: 1930. Irische Schriftstellerin

Jordan, Tenneva: unbekannt

K

Kierkegaard, Søren: 1813–1855. Dänischer Philosoph und religiöser Schriftsteller

L

Lagerlöf, Selma: 1858–1940. Schwedische Schriftstellerin

Lang, Marie: 1903–1988. Deutsche Lebensphilosophin und Mystikerin

Le Fort, Gertrud von: 1876–1971. Deutsche Schriftstellerin

Line, Molly: 1977. US-amerikanische Korrespondentin

Loren, Sophia: 1934. Italienische Filmschauspielerin

M

Madame de Sévigné (eigentlich Marie de Rabutin-Chantal): 1626–1696. Französische Schriftstellerin und Adelige

Maria Theresia: 1717–1780. Kaiserin von Österreich und Ungarn

Meysenbug, Malwida von: 1816–1903. Deutsche Schriftstellerin und Kunstförderin

Modersohn-Becker, Paula: 1876–1907. Deutsche Malerin

Morrow Lindbergh, Anne: 1906–2001. US-amerikanische Flugpionierin und Schriftstellerin

P

Price, Tania: unbekannt

R

Rajneesh: 1931–1990. Indischer Philosoph

Reventlow, Franziska zu: 1871–1918. Deutsche Schriftstellerin, Übersetzerin und Malerin

Riva, Maria: 1924. US-amerikanische Schauspielerin

Rose, Felicitas: 1862–1938. Deutsche Schriftstellerin

S

Sylva, Carmen (eigentlich Elisabeth zu Wied): 1843–1916. Deutsche Schriftstellerin und Königin von Rumänien

Staël, Germaine de: 1766–1817. Französische Schriftstellerin

T

Tucholsky, Kurt: 1890–1935. Deutscher Journalist und Schriftsteller

V

Vermont, Mildred B.: 1911–2010. US-amerikanische Schriftstellerin und Geschäftsfrau

Vigée-Lebrun, Élisabeth: 1755–1842. Französische Malerin

W

Wilde, Oscar: 1854–1900. Irischer Schriftsteller

QUELLENVERZEICHNIS

Jane Austen, *Die Abtei von Northanger*, © Insel Taschenbuch, Berlin 2013; **Thomas Blisniewski**, *Mütter, die im Bilde sind*, © Elisabeth Sandmann Verlag, München 2010; **Marlene Dietrich**, *Nehmt nur mein Leben... Reflexionen*, © C. Bertelsmann Verlag, München 1979; **Hedwig Dohm**, *Werde, die Du bist!*, © Hofenberg 2015; **Regina Hesse**: *Federleichte Gedankensprünge*, © Regina Hesse, 2007; **Annette von Droste-Hülshoff**, *An meine Mutter*, © Reclam, Stuttgart 1992; **Gertrud von Le Fort**, *Die ewige Frau. Die Frau in der Zeit. Die zeitlose Frau.*, 13. Aufl. München, © Kösel 1949; **Calamity Jane**, *Letters to My Daughter*, San Francisco. O. D. Übersetzt für diese Ausgabe von Asma El Moutei Semler; Jennifer Johnston, *A Portrait of the Artist as a Young Girl*, ed. John Quinn, © Methuen 1986; **Malwida von Meysenbug**, in: *Briefe von und an Malwida von Meysenbug*, Herausgegeben von Berta Schleicher, © Verlag Schuster und Loeffler, 1920; **Paula Modersohn-Becker**, *Briefe und Tagebuchblätter.* Kurt Wolff Verlag, Berlin 1920, in: *Paula Modersohn-Becker in Briefen und Tagebüchern*, Herausgegeben von Günter Busch und Liselotte von Reinken, © S. Fischer Verlag, Frankfurt 1979; **Anne Morrow Lindbergh**, *Bring mir das Einhorn*, Übersetzt von Anjuta Aigner-Dünnwald und Elisabeth Piper, *Stunden von Gold Stunden von Blei. Verschlossene Räume und offene Türen.* Übersetzt von Elisabeth Piper. © Piper Verlag, München 1972, 1972, 1975; **Madame de Sévigné**, *Ausgewählte Briefe*, Übersetzt vom Ferdinand Lotheissen.* © Verlag Albert Langen-Müller, München 1925; **Maria Theresia und Marie Antoinette**, *Ihr geheimer Briefwechsel*, Herausgegeben, erläutert und übersetzt von Paul Christoph, © Cesam Verlag, Wien 1952; **Mira Riva über ihre Mutter**, *Der Himmel war grün, wenn sie es sagte*, Interview, Spiegel Online, 13.11.2005; **Karin Sagner**, *Hélène de Beauvoir, Souvenirs*, © Elisabeth Sandmann Verlag, München 2014; **Kurt Tucholsky**, *Mutterns Hände*, Arbeiter Illustrierte Zeitung, Nr. 30, S. 8, 1929, **Oscar Wilde**, *Bunbury oder Ernst sein ist alles*, hrsg. von Norbert Kohl, © Insel Taschenbuch, Berlin 1998.

BILDNACHWEIS